AF586425

LA
VALLÉE DES FLEURS,

BALLADE EN UN ACTE, MELÉE DE COUPLETS,

PAR MM. GABRIEL ET DE FORGE;

REPRÉSENTÉE POUR LA PREMIÈRE FOIS, SUR LE THÉATRE DU PALAIS-ROYAL, LE 29 OCTOBRE 1836

Comment! c'est ça, vot' poulette? (SCÈNE V.)

PARIS,

NOBIS, ÉDITEUR, RUE DU CAIRE, N° 5.

—

1836.

Personnages.		*Acteurs.*
LE BARON DE **BUZENDORFF**, magnat de Hongrie.	MM.	SAINVILLE.
LE DOCTEUR **FLASTERKASTEN**, son médecin.		BARTHÉLEMY.
DANIEL, page du baron.		ALCIDE TOUSEZ.
REUBEN, jeune pâtre.	Mmes	WILMEN.
FLEUR-DES-CHAMPS, jeunes filles de la vallée.		PERNON.
ROSE, jeunes filles de la vallée.		JENNY.
EGLANTINE, jeunes filles de la vallée.		PAULINE.
HORTENSIA, jeunes filles de la vallée.		
IRIS. jeunes filles de la vallée.		
VIOLETTE, jeunes filles de la vallée.		
PERVENCHE, jeunes filles de la vallée.		
LA MÈRE **MARGUERITE**, tante de Fleur-des-Champs.		TOBY.
UN PIQUEUR.		
PAYSANS.		
DOMESTIQUES DU BARON.		
GARDES.		

La scène se passe dans un petit village sur les bords du Danube

J.-R. MEVREL, Passage du Caire, 54

LA VALLÉE DES FLEURS,

BALLADE EN UN ACTE.

Le théâtre représente un riant paysage ; le Danube coule au fond ; ses bords sont couverts de joncs et de roseaux. Un rocher assez élevé forme saillie au-dessus du fleuve : sur ce rocher une petite croix de bois grossièrement façonnée. — A droite du spectateur, sur le premier plan, la maison de la mère Marguerite.

SCÈNE I.

LE BARON, LE DOCTEUR.

Au lever du rideau, le baron, assis sur une saillie du rocher, au bord du fleuve, pêche à la ligne ; il est endormi et tient encore sa ligne à la main. Le docteur arrive par la gauche du spectateur ; il a l'air de chercher quelqu'un.

LE DOCTEUR.

Ouf! voilà deux bonnes heures que je bats la campagne pour trouver mon illustre malade. Je n'en puis plus. (Apercevant le baron.) Ah! le voici. (Il s'en approche.) Il dort, et ce n'est pas étonnant avec un passe-temps pareil. Qui reconnaîtrait, dans cette posture ridicule, très haut et très puissant seigneur Théodule-Hildebrand de Buzendorff, baron du Saint-Empire, magnat de Hongrie, etc., etc., pêchant à la ligne dans le Danube comme un simple paysan, prenant des goujons comme un simple..? c'est-à-dire, non, il n'en a pas pris... il y a même une toile d'araignée après sa ligne! Est-il possible qu'une créature humaine...

AIR de Julie.

En vérité, moi, je m'étonne
Qu'on puisse trouver du plaisir
A ce passe-temps monotone,
Qui n'est bon qu'à vous abrutir.
On l'a bien dit, cet ustensile,
Rarement funeste au poisson,
Commence par un hameçon
Et finit par un imbécile.

Mais cet endroit humide et marécageux pourrait donner des fraîcheurs à mon illustre malade, éveillons-le. (Il touche le bras du baron.)

LE BARON, se frottant les yeux.

Hein! il a mordu.

LE DOCTEUR.

Monseigneur...

LE BARON.

Ah! c'est vous, docteur? je vous ai pris pour un barbillon de la grosse espèce.

LE DOCTEUR, à part.

Merci. (Haut.) Vous avez causé bien des inquiétudes, monseigneur, car l'heure du déjeuner est passée depuis long-temps, et ne vous voyant pas revenir, j'ai lâché tous vos domestiques dans les champs, avec ordre de ne pas rentrer sans vous.

LE BARON.

Je vais vous dire, docteur... (Il regarde sa ligne.) hé! hé! (Il la tire de l'eau.) Allons donc, c'est un goujon, en voilà un enfin; mettez-le avec les autres.

LE DOCTEUR.

En vérité, monseigneur, je ne conçois rien à cette passion pour la pêche, qui vous est venue subitement, d'autant plus que je crois me rappeler...

LE BARON, se levant.

Que je n'aime pas le poisson, n'est-ce pas?.. c'est vrai, pour rien au monde je ne toucherais à une matelotte.

LE DOCTEUR.

Tous les contrastes sont dans la nature; mais alors...

LE BARON.

Mon cher docteur Flasterkasten, un médecin est comme un confesseur, il doit tout savoir, sachez donc tout...

AIR de Masaniello.

Un autre motif qu'on ignore,
Entre nous, m'attire en ces lieux;
Ce qui m'y conduit dès l'aurore
C'est le pouvoir de deux beaux yeux.
Habitans de cet rivière,
Je vous vois fuir tous sans regrets;
C'est un autre poisson, j'espère,
Que je prendrai dans mes filets.

LE DOCTEUR.

Quoi! monseigneur...

LE BARON.

Oui, mon cher Flasterkasten, je suis amoureux comme un fanatique, comme une bête...

LE DOCTEUR.

Ça ne m'étonne pas... peut-on savoir le nom de l'objet?

LE BARON.

Il n'en a pas.

LE DOCTEUR.

Comment?

LE BARON.

Ou plutôt il en a un provisoire.

LE DOCTEUR.

J'ai peine à comprendre.

LE BARON.

Ça ne m'étonne pas; vous savez que dans cette vallée, qui fait partie de ma baronnie, depuis un temps immémorial, toutes les jeunes filles, en naissant, reçoivent le nom d'une fleur...

LE DOCTEUR.

J'ai souvent pensé que ce pouvait bien être cette coutume qui avait fait nommer cet endroit la Vallée-aux-Fleurs.

LE BARON, après avoir réfléchi.

C'est probable... Or, la jeune fille en question m'a conté que, lorsqu'elle vint au monde, toutes les fleurs connues dans ce canton se trouvaient prises par d'autres, et sa mère, n'ayant plus le choix, lui donna le nom d'une petite fleur bleuâtre qui vient au bord de l'eau, et qu'on appelle Fleur-des-Champs, en attendant mieux.

LE DOCTEUR.

Oh! j'y suis, j'y suis, c'est la nièce de la vieille mère Marguerite, qui demeure là. (Il montre la maison.) Il serait possible? ma foi, monseigneur, je vous croyais plus de goût.

LE BARON.

Qu'est-ce à dire, Flasterkasten?

LE DOCTEUR.

Une petite folle assez gentillette, c'est vrai, mais simple, gauche, ignorante, insignifiante comme sa fleur.

LE BARON.

Vous croyez, docteur?

LE DOCTEUR.

Si vous tenez absolument à prendre une femme parmi vos vassales, au moins choisissez... c'est qu'il y en a d'infiniment préférables: nous avons Rose qui est très jolie, Violette est modeste, Iris a les plus belles couleurs, Eglantine est fort piquante.

LE BARON.

Au fait, docteur, je crois que vous avez raison, il ne faut rien précipiter: aussi bien je n'ai encore vu cette petite que très superficiellement.

LE DOCTEUR.

Comment!

LE BARON.

Je veux dire d'une manière très superficielle.

LE DOCTEUR.

Tenez, justement, monseigneur, c'est aujourd'hui la fête de la Fille du Danube, toutes nos jeunes fleurs doivent se rassembler ici pour la célébrer, vous pourrez les passer en revue.

LE BARON.

Ah ça! docteur, voilà bien long-temps que j'entends parler de cette fête, et je n'ai jamais su quelle en était l'origine.

LE DOCTEUR.

Ah! ça remonte à une tradition fort ancienne. à quelque superstition sauvage... figurez-vous... je ne suis guère au courant de toutes ces niaiseries.

LE BARON.

Oh! je sais que vous êtes un esprit fort, docteur Flasterkasten... mais moi, j'ai toujours eu idée que ce devait être intéressant, et je voudrais savoir... (On entend un air de cornemuse.)

LE DOCTEUR.

Rien de plus facile; j'entends la cornemuse du petit pâtre Reuben, il sait par cœur tous les vieux contes, toutes les chansons du pays.

(Reuben paraît au fond, sur un rocher.)

LE BARON.

Ça se trouve bien, dites-lui d'approcher.

SCÈNE II.

LE DOCTEUR, LE BARON, REUBEN.

LE DOCTEUR.

Approche, petit Reuben, monseigneur désire connaître l'histoire de la Fille du Danube; n'a-t-on pas fait là-dessus une ballade?

REUBEN.

Ah! oui, monseigneur; elle est ben vieille, à ce qu'on dit, mais elle est ben jolie.

LE BARON.

Chante-nous ça, mon garçon. (Lui tapant sur la joue.) Eh! eh! il est tout drôlet, ce petit.

REUBEN chante en s'accompagnant de temps en temps de sa cornemuse.

AIR d'Adam.

Autrefois une fille,
Sans parens, sans famille,
Mais accorte et gentille,
Régnant sur tous les cœurs,
Aima le plus beau page
De tout le voisinage:
Elle était la plus sage
De la Vallée-aux-Fleurs.
Craignant, dans sa tendresse,
De perdre tant d'appas,
Il lui disait sans cesse:
Ne m'oubliez pas.

Mais le seigneur ordonne,
Il offre sa couronne,
Veut la faire baronne,
Pour eux quel désespoir!
O beau page, dit-elle,
Dans sa douleur mortelle,
Je te serai fidèle.
Et puis, quand vint le soir,
Le Danube qui gronde
La reçut dans ses bras,
Murmurant dans son onde:
Ne m'oubliez pas.

LE BARON, attendri.

Pauvre fille! le Danube la gronde.

REUBEN, criant.

Troisième couplet,

Mais comme elle était sage,
Le lendemain le page,
Plongeant avec courage,
Vivante la trouva.

LE BARON, parlant

Vivante! le lendemain de sa mort! quel phénomène!

REUBEN, continuant.

Et depuis, quand fillette
Dans le fleuve se jette,
Aux propos d'amourette
Si son cœur résista,
On peut de la pauvrette
Empêcher le trépas.
Quand c'est une coquette,
On n'en revient pas.

LE BARON.

Ah! il résulte de ça que lorsque la jeune fille a... ou plutôt quand elle n'a pas... le garçon qui risque le plongeon pour elle... diable! diable!

LE DOCTEUR.

Ça me paraît de la plus complète invraisemblance.

REUBEN.

Oh! non, monsieur le docteur, l'ermite de la Roche-Noire assure que toutes les jeunes filles vertueuses peuvent se jeter à l'eau sans crainte pour éprouver leurs amans.

LE BARON.

Et dis-moi, petit, en a-t-on déjà retiré quelques-unes du fleuve?

REUBEN.

Jamais, monseigneur, mais ça peut venir.

LE BARON, au docteur.

Au fait, ce qu'il dit là me semble assez judicieux, et son histoire m'a intéressé au dernier point; cette jeune fille, ce page... à propos de page, ça me fait penser que je n'ai pas vu le mien depuis ce matin. (Appelant.) Holà! mon page!

LE DOCTEUR.

Je gagerais qu'il est encore à courir après quelque jeune fille... c'est un véritable papillon, ce petit Daniel.

REUBEN, à part.

Ah! oui, il est ben heureux d'être hardi comme ça!

LE BARON.

Mais il se fait tard, allons déjeuner; je ferai porter ensuite dans la vallée mes ordres souverains. (Le baron et le docteur sortent.)

SCÈNE III.

REUBEN seul, regardant la maison de Fleur-des-Champs.

Dire que c'est là qu'elle demeure, et que je n'ai jamais osé lui parler... elle n'a pourtant pas l'air méchant, au contraire; mais quand je la vois, ça me donne des petits frissons, mon cœur fait boum! boum! comme s'il allait quasi me défoncer l'estomac, et puis je reste de d'là devant elle... Avec ça qu'elle n'a des yeux que pour son Daniel, ce grand vilain page à monseigneur. Sont-elles bizardes, ces femmes... aller s'amouracher d'un Daniel! Ah! je suis ben sûr qu'il ne l'aime pas autant que moi celui-là.

AIR de Mme Duchambge.

Et si je devenais
Un peu plus téméraire,
A celle qui m'est chère
Enfin je parlerais;
Car on dit qu'une femme
D'un aveu plein de flamme
Ne s'offense jamais.

D'abord je lui dirais :
Mam'zelle, je vous aime;
Dans mon délire extrême,
P't-êtr' bien que j' l'embrasserais;
Car on dit qu'une femme
D'un baiser plein de flamme
Ne s'offense jamais.

(On entend Daniel rire dans la coulisse.)

SCÈNE IV.

DANIEL, REUBEN.

REUBEN, à part.

Ah! le v'là, c' beau page.

DANIEL, chantant en s'accompagnant sur une mandoline; il a le costume de Chérubin

J'avais une marraine,
Que mon cœur (BIS) a de peine...
J'avais une marraine
Que toujours j'adorai.
Tra la la, etc.

REUBEN.

Comme vous êtes gai, M. Daniel !

DANIEL.

Ah! c'est toi, petit pâtre?.. dam! mon garçon, c'est dans mon état; quand monseigneur m'a pris à son service, j'étais un lourdaud comme toi, une bête comme toi, car je suis né vilain et très vilain... J'eus le bonheur de plaire à monseigneur par l'adresse avec laquelle je pêchais l'anguille du Danube, il me fit page, et une fois page, il a bien fallu me dégourdir... je suis devenu folâtre, libertin, tapageur... un vrai sacripant, aussi toutes les filles raffolent de moi, c'est à qui m'aura, elles disent que je suis un charmant polisson.

REUBEN, à part.

Est-il heureux, c't' animal-là, est-il heureux!

DANIEL.

Tout à l'heure encore, entraversant le village, j'ai rencontré deux fleurs, qui allaient puiser de l'eau à la fontaine, la grande Camomille, la fille de l'apothicaire, et la petite Campanule, la nièce au sonneur, je les ai agacées... je les ai pincées... Eh bien! elles n'ont pas pu résister, elles m'ont donné chacune...

REUBEN.

Un baiser?

DANIEL.

Non! une giffle! à tour de bras! nous avons plu ri!.. Oh! les commères! Ah çà! et toi, jeune chevrier de la montagne, comment gouvernes-tu les amours?

REUBEN.

Eh ben, à la douce, M. Daniel... je ne suis pas hardi, fendant comme vous.

DANIEL.

Il faut le devenir, vertuchou!.. imite-moi! que diable! tâche de prendre mes manières... ma grace... mon aplomb... ma désinvolture! as-tu une bonne amie, seulement?

REUBEN, riant.

Oh! oh! oh!..

DANIEL.

Oh! oh! oh!.. pataut. Eh bien! je t'en trouverai une, il y a la petite Jonquille qui pourrait bien faire ton affaire; mais en attendant, je veux te montrer comment on s'y prend auprès des belles, tiens, la mienne, Fleur-des-Champs, demeure là, je n'ai qu'à l'appeler... à la voix de son Daniel, elle va paraître tout de suite.

AIR : Oh! ma tendre musette.

Objet de ma tendresse,
Parais, c'est ton Daniel;
Viens, ma belle maitresse,
Réponds à mon appel...
Viens, par une caresse,
Me transporter au ciel;
Viens, ma belle maîtresse,
Au long regard de miel.

(Sur la ritournelle de cet air, la porte de la chaumière s'ouvre, et la mère Marguerite paraît.)

SCÈNE V.

LES MÊMES, LA MÈRE MARGUERITE.

DANIEL, lui tournant le dos.

Tiens! tiens... quand je te disais... je regarde pas. (Prenant la main de la mère Marguerite et la baisant.) Petite poulette, va!

REUBEN.

Comment, c'est ça, votre poulette ?

DANIEL, se retournant.

Hein ! qu'est-ce que c'est ? comment, mère Marguerite, c'est vous qui faites de ces plaisanteries-là, fi ! à votre âge !

REUBEN, riant.

Ah ! ah ! ce pauvre Daniel !

MARGUERITE.

Qu'est-ce que vous faites ici ?.. votre place est à la cour, maintenant.

DANIEL, avec sentiment.

Je me plais aux lieux qui virent les jeux de mon enfance... mère Marguerite... et puis... Fleur-des-Champs n'est pas à la cour, elle est ici ; est-elle ici ?

MARGUERITE.

Non, elle est depuis ce matin dans la vallée avec ses compagnes, occupées à cueillir des fleurs, pour faire les chaperons qu'elles doivent porter à la fête d'aujourd'hui.

DANIEL.

Ah ! oui, la fête de la Fille du Danube, qui se jeta dans le fleuve, après avoir attaché son bouquet et sa couronne à cette petite croix.

MARGUERITE.

Et depuis ce temps, quand on voit à cette croix une couronne et un bouquet, on sait ce que ça veut dire... (Elle soupire.)

DANIEL.

Allons donc, dame Marguerite, allons donc, ayons des idées plus gaies ; dans ce jour de fête et de plaisir, on dansera... je veux danser une gigue avec Fleur-des-Champs.

MARGUERITE.

C'est ben de l'honneur pour nous, un beau page comme vous, M. Daniel.

DANIEL.

C'est ce que les dames de la cour me disent souvent, dame Marguerite. (Il se donne des airs.) Des cœurs de femmes ! je n'ai qu'à me baisser pour en prendre. Tête bleu.

REUBEN, à part.

Oh ! je n'en voudrais qu'un seul, moi.

MARGUERITE.

Ah ! ah ! v'là nos jeunes filles, Fleur-des-Champs est au milieu d'elles... surtout, M. Daniel, ayez un peu de tenue.

DANIEL.

Prenez garde, je vais les dévorer, vos jeunes filles...

MARGUERITE.

Un page est capable de tout !

DANIEL.

Regarde-moi faire, Reuben, je vas les lutiner... je vas les taquiner... je vas les butiner...

(La musique devient vive ; toutes les jeunes filles entrent. Chacune tient un gros bouquet de la fleur dont elle porte le nom.)

SCÈNE VI.

LES MÊMES. FLEUR-DES-CHAMPS, ROSE, HORTENSIA, ÉGLANTINE, IRIS, VIOLETTE, PERVENCHE.

CHOEUR.

AIR de Grisar (LA FÊTE DES MADONES)

Venez, jeunes compagnes,
Tressons couronnes et bouquets,
Que la dépouille des campagnes
Brille à nos corsets.
Nous te fêtons, vierge de la vallée,
Toi, que jadis le Danube épargna,
Et ce qu'il fit pour toi si désolée
Peut-être un jour, pour nous il le fera !
Venez, jeunes compagnes, etc.

FLEUR-DES-CHAMPS.

Bonjour, ma tante !.. Ah ! tiens, je ne te voyais pas, Daniel ; bonjour, mon gros page.

DANIEL.

Il est sûr que huit ou dix pages comme moi feraient un joli volume.

FLEUR-DES-CHAMPS, aux autres.

Il est gentil... pas vrai?

REUBEN, à part.

Et pas un mot! pas un regard pour le pauvre Reuben.

FLEUR-DES-CHAMPS.

Daniel, ce n'est pas pour vous flatter, mais vous êtes charmant, ce matin!

DANIEL, avec modestie.

Oh!

ROSE.

C'est un beau garçon!

DANIEL, id.

Oh! je suis jeune... j'ai la beauté du diable!

ÉGLANTINE.

Il a le teint d'une fraîcheur...

DANIEL.

Oui, c'est ce qu'on disait tout à l'heure, en me voyant passer... tiens, v'là le page de monseigneur... il est frais!

FLEUR-DES-CHAMPS, apercevant Reuben.

Ah! te voilà ici, petit Reuben?

REUBEN, balbutiant.

Oui... mam'zelle...

FLEUR-DES-CHAMPS.

Dis-donc, tu gardes joliment ton troupeau, nous venons d'apercevoir un de tes moutons qui se promenait de l'autre côté du torrent de la Roche-Noire.

REUBEN, restant immobile devant elle.

Ah!..

DANIEL, le contrefaisant.

Ah!.. mais, cours donc après... enfant stupide... tu t'exposes à recevoir de ton maître une innombrable quantité de calottes.

FLEUR-DES-CHAMPS, à Reuben qui ne bouge pas et qui la dévore des yeux.

Va donc!

REUBEN.

Oui, oui, mam'zelle... (A part en s'en allant.) Et pas une parole de bonté... Ah!.. (Il sort.)

SCÈNE VII.

LES MÊMES, excepté REUBEN.

DANIEL.

Je le crois frappé d'idiotisme... malheureux jeune crétin que tu es, va!

MARGUERITE, à Fleur-des-Champs.

Mais, dites-moi donc, mesdemoiselles, vous êtes restées bien long-temps dans la prairie?

FLEUR-DES-CHAMPS.

C'est que voyez-vous, ma tante, nous venons d'assister à un concert.

MARGUERITE.

A un concert?

FLEUR-DES-CHAMPS.

Oui, à l'entrée du petit bois, je crois en vérité que tous les oiseaux du pays s'étaient réunis sur le vieux chêne, vous savez ben... ce gros arbre qui a plus de 2000 ans... voilà qu'ils se sont mis à chanter tous ensemble... on aurait dit un air du pays; aussi, nous étions là, autour de l'arbre, prêtant l'oreille, et ne disant pas un seul mot.

DANIEL.

V'là le plus fort!

FLEUR-DES-CHAMPS.

Et, maintenant, nous savons l'air que les oiseaux chantaient, et à la veillée, nous vous le ferons entendre.

DANIEL.

Oh! tout de suite? hein? tout de suite! ça doit être curieux!

FLEUR-DES-CHAMPS.

Y êtes-vous toutes, mesdemoiselles?

TOUTES.

Oui! oui! oui!

FLEUR-DES-CHAMPS.

Air tyrolien de M. Flataw. (Voyez à la fin.)

Ecoutez .. m'y voilà!
Le rossignol d'abord se fait entendre,
Comme sa voix est douce et tendre
Ah! ah! ah! ah! ah! ah!
Puis la fauvette
Vive et coquette
Lui répond comme cela :
Ah! ah! ah! ah! ah! ah!
La tourterelle,
Tendre et fidèle,
Roucoule un amoureux soupir...
Et l'alouette
Tout haut caquette...
C'est un bruit à vous étourdir.
Ah! ah! ah! ah!

TOUTES.

Ah! ah! ah!
Pour l'oreille ravie,
Quelle douce harmonie!
Vraiment, vraiment,
C'était charmant!

DANIEL.

C'était ça votre concert... ma foi, parlez-moi de celui que j'ai entendu l'autre soir que j'étais assis sous le vieux saule, occupé à faire des ronds dans l'étang; c'était de la mélodie un peu mélodieuse.

TOUTES.

Voyons! voyons!

DANIEL.

Même air.

Ecoutez... m'y voilà!
Maître corbeau commence l'ouverture,
Comme sa voix est douce et pure!
Coa! coa! coa!
La pie-grièche,
Toujours revêche,
Soudain rebecque dans son coin.
Gentille canne
Ainsi cancanne :
Coin! coin! coin!
Puis la grenouille,
Qui dans l'eau grouille,
Du fond de son petit thorax,
Dit : Bré ké ké ké kouax!

TOUTES, criant et se bouchant les oreilles

Ah! quel affreux charivari!
Notre concert était bien plus joli.
C'est la fauvette,
Vive et coquette,
Qui gazouille comme cela :
Ah! ah! ah!
La tourterelle,
Tendre et fidèle,
Roucoule un amoureux soupir...
Et l'alouette
Tout haut caquette.
C'est un bruit à vous étourdir.
Ah! ah! ah!
Pour l'oreille ravie,
Quelle douce harmonie!
Vraiment! vraiment
C'était charmant!

SCÈNE VIII.

LES MÊMES. LE DOCTEUR, suivi d'un PIQUEUR avec une trompette, deux GARDES; le piqueur sonne une fanfare.

DANIEL.

Qu'est-ce que c'est que ça? une proclamation de monseigneur...

FLEUR-DES-CHAMPS.

Tiens, c'est le docteur qui va la lire.

DANIEL.

Certainement, monseigneur l'a pris pour tout faire... Nous allons voir ce que c'est.

LE DOCTEUR, après la fanfare.

Habitans de la Vallée-des-Fleurs, écoutez avec respect les ordres de votre seigneur et maître. (Il ouvre un écrit et lit.) « Haut et puissant seigneur » Théodule-Hildebrand de Buzendorff, baron du Saint-Empire, magnat de » Hongrie, suzerain du Danube aux lieux dits la Vallée-des-Fleurs, fait » savoir à ses vassaux et vassales qu'il se rendra aujourd'hui même à la » fête de la Fille du Danube, pour choisir parmi les fleurs de sa vallée » seigneuriale la jeune fille qui, par un hymen légitime, doit embellir la » soixante-cinquième année de son âge et la quinzième de son règne. Il est » donc ordonné aux jeunes filles de la vallée de se réunir sur-le-champ au » bord du Danube, afin que le haut et puissant seigneur sus-nommé puisse » choisir la plus jolie et la plus aimable pour l'élever au rang de baronne. » — Donné en notre château de Buzendorff, etc., etc. »

(Fanfare; le docteur et les gardes sortent.)

LES JEUNES FILLES, sautant de joie.

Baronne! baronne!.. ah! quel bonheur!.. Vive monseigneur!

DANIEL, à part.

En voilà un ordre à la Buzendorff!

MARGUERITE.

Quel honneur pour notre vallée, et quel bonheur si le choix de monseigneur pouvait tomber sur Fleur-des-Champs.

FLEUR-DES-CHAMPS, à part.

Baronne! baronne!..

ROSE.

Allons vite mettre nos couronnes pour paraître devant monseigneur..

DANIEL.

Sont-elles coquettes!.. le sont-elles!

CHOEUR.

Venez jeunes compagnes, etc.

(Elles sortent en dansant, excepté Fleur-des-Champs.)

SCÈNE IX.

DANIEL, FLEUR-DES-CHAMPS.

DANIEL.

Fleur-des-Champs... Fleur-des-Champs... voilà une proclamation qui me navre.

FLEUR-DES-CHAMPS.

Pourquoi?

DANIEL.

Pourquoi?.. elle dit pourquoi!.. Vous ne voyez donc pas que du moment que monseigneur se propose d'épouser la plus jolie et la plus aimable, c'est vous qu'il doit choisir indubitablement.

FLEUR-DES-CHAMPS.

Eh bien?

DANIEL.

Eh bien?.. elle dit eh bien!.. Mais vous oubliez donc, champêtre créature, que je vous aime au-delà de toute expression, et que, si je vous perds, je suis capable de devenir encore plus bête que mon maître, si c'est possible.

FLEUR-DES-CHAMPS.

Eh bien!

DANIEL.

Mais vous m'exaspérez avec votre sang-froid, vierge de la Vallée!.. oh! non... oh! non!.. vous n'avez jamais aimé votre page, votre gentil page!

FLEUR-DES-CHAMPS.

Ets-ce que c'est ma faute à moi si monsieur le baron veut choisir une femme parmi les jeunes filles de la Vallée-des-Fleurs?

DANIEL.

Non! non! cette atroce idée n'a pu germer que dans la tête d'un magnat; mais vous, vous Fleur-des-Champs, vous devez tout faire, tout tenter pour déplaire à ce seigneur abruti.

FLEUR-DES-CHAMPS.

Et que voulez-vous que je fasse.

DANIEL.

Voilà!.. dans un moment il va se rendre ici pour choisir la plus aimable, la plus gracieuse, la plus spirituelle. il faut qu'il trouve en vous la plus imbécille, la plus niaise.

FLEUR-DES-CHAMPS.

La plus niaise?

DANIEL.

Ça vous sera difficile, je le sais, de paraître sans grace, sans esprit; c'est taquinant, c'est même vexant, si vous voulez, mais l'amour l'ordonne, Fleur-des-Champs, et ton page compte sur toi!

FLEUR-DES-CHAMPS.

Mais ça va m'humilier d'en voir choisir une autre.

DANIEL.

Est-ce que je ne suis pas là pour vous choisir, moi?

FLEUR-DES-CHAMPS.

Vous n'êtes pas baron.

DANIEL.

Ambitieuse!.. oh! Fleur-des-Champs, tu n'as jamais aimé ton Daniel!.. (Pleurant.) Il en mourra, ton joli page, mais il te pardonne.

FLEUR-DES-CHAMPS.

Allons, voyons Daniel, puisque tu le veux, je ne plairai pas à monseigneur.

DANIEL.

Bien vrai! tu me promets d'être bien maussade, bien désagréable... tu feras la bête. hein?.. oh! oui, promets-le moi, tu feras la bête... tu devrais aussi te frotter un peu les yeux, ça enlaidit tout de suite.

FLEUR-DES-CHAMPS, à part.

Par exemple!

DANIEL.

Ah! une idée de page!.. pour dégoûter tout-à-fait monseigneur, tu lui diras que tu ne l'aimes pas, que tu en aimes un autre.

FLEUR-DES-CHAMPS.

Toi!

DANIEL.

Ne va pas dire ça, pour me faire envoyer aux oubliettes... non; dis quelqu'un en l'air.

FLEUR-DES-CHAMPS.

Mais qui?

DANIEL.

N'importe, le premier venu, un être insignifiant... tiens, le petit chose qui était là tout-à-l'heure.

FLEUR-DES-CHAMPS.

Reuben?

DANIEL.

C'est juste notre affaire... tu y feras même quelques agaceries pour donner le change à monseigneur.

FLEUR-DES-CHAMPS.

A quoi bon?

DANIEL.

A quoi bon!.. que si on jette quelqu'un dans les oubliettes, il vaut bien mieux que ce soit ce petit être incomplet, et puis une fois monseigneur marié avec un autre, je t'épouserai, moi; tu seras Mme Daniel, je te ferai entrer dans le linge de monseigneur, et tu seras toute la journée avec ton page endiablé, qui te pincera, qui t'asticotera, qui te...

FLEUR-DES-CHAMPS. tristement.

Oui, ce sera lui qui...

DANIEL, la pinçant.

Mais regarde-moi donc... regardez votre Toto, tout de suite... ah! mais...

AIR de Mlle Puget.

Mire dans mes yeux tes yeux,
Charmante brunette,
Mire dans mes yeux tes yeux,
Tu les verras mieux,
Tes yeux, gentille brunette,
Tes yeux, tes yeux amoureux.
Je veux avoir une place
Près de toi matin et soir;
Ma chèr', sans être de glace,
J' puis te servir de miroir.

ENSEMBLE.

DANIEL.

Pour mirer tes jolis yeux,
O charmante brunette,
Le plus beau miroir des cieux
Ne vaut pas mes yeux,
Mes yeux, gentille brunette,
Mes yeux, mes yeux amoureux.

FLEUR-DES-CHAMPS, à part.

Il m' sembl' que j'ouvre les yeux,
Déjà je regrette
D'avoir accueilli les vœux
D'un tel amoureux!
Déjà, oui, je le regrette,
J' pourrais vraiment trouver mieux.

(Sur la ritournelle de cet air, Daniel embrasse Fleur-des-Champs.)

DANIEL.

Grand assassin que je suis! (Il sort en courant.)

SCÈNE X.

FLEUR-DES-CHAMPS, seule.

Moi paraître niaise, imbécile!.. a-t-on jamais fait à une femme une proposition aussi impertinente, et puis c't idée, me dire d'avoir l'air d'aimer ce petit chevrier à qui je n'ai jamais parlé... Tiens, justement le v'là... il n'est pas beau au moins.

SCÈNE XI.

FLEUR-DES-CHAMPS, REUBEN.

REUBEN, à part.

La v'là seule... si j'osais...

FLEUR-DES-CHAMPS, id.

Il est si timide... il ne me dirait rien... il faut que je lui parle. (Haut.) Eh bien! Reuben, as-tu retrouvé ton mouton?

REUBEN.

Oui, mam'zelle, le petit finot s'était caché exprès pour me faire une niche, il était entré dans le verger du vieil ermite, et il était là qui broutait tout à son aise les salades de notre bon père.

FLEUR-DES-CHAMPS.

Ça t'apprendra à avoir l'œil dessus; tu t'amuses quelquefois dans la vallée, et les moutons en profitent.

REUBEN.

C'est vrai, je rencontre souvent Mlle Rose, Mlle Églantine, Mlle Hortensia... elles me font des malices... elles me font endéver... nous rions... quoi!

FLEUR-DES-CHAMPS.

Ah! ça te fait plaisir de rire comme ça avec elles?

REUBEN.

Dam! ça ne me déplait pas trop; mais ça me ferait encor bien plus de plaisir si c'était avec une autre... qui... qué...

FLEUR-DES-CHAMPS.

Qui... que... achèves donc...

REUBEN.

Mais elle ne fera jamais attention à moi, celle-là...

FLEUR-DES-CHAMPS.

Tu crois?

REUBEN.

Et pourtant, j'ai des yeux que pour elle, moi.

FLEUR-DES-CHAMPS.

En vérité! ce pauvre garçon... voyons, Reuben, conte-moi donc bien vite tout ça.

REUBEN.

Oh! je n' peux pas!

FLEUR-DES-CHAMPS.

C'est un secret?

REUBEN, soupirant.

Oui, c'est un secret... un gros secret!

FLEUR-DES-CHAMPS.

Comment, vrai, tu aimes une jeune fille?

REUBEN.

Je l'aime tout plein... l'ermite vient encore de me le dire, pas plus tard que ce matin, il m'a pris le menton; il m'a regardé les yeux, il a mis sa main là... (Il prend la main de Fleur-des-Champs, et la met sur son cœur.) Et il m'a dit : mon garçon, tu penses à quelque chose; tu as un premier amour qui te donne à réfléchir... vous entendez, mam'zelle, un premier amour.

FLEUR-DES-CHAMPS.

C'est vrai que ton cœur bat fort, c'est-y drôle... hein?

REUBEN.

Oui, c'est bien drôle!

FLEUR-DES-CHAMPS.

Ah ça! mais, voyons donc le mien. (Elle met la main sur son cœur.) Ah! c'est singulier, il bat aussi fort que le tien.

REUBEN.

Comment, c'est possible?

FLEUR-DES-CHAMPS.

Sens plutôt...

REUBEN, y mettant la main.

C'est vrai, pourtant.

FLEUR-DES-CHAMPS.

Et puis... qu'est-c' qu'il t'a encore dit, le bon ermite?

REUBEN.

Oh! quelque chose... quelque chose que j' n'ai pas cru; mais qui m'a rendu fièrement heureux, allez!

FLEUR-DES-CHAMPS.

C'est qu'il est joliment savant notre ermite; il t'a dit...

REUBEN.

Il m'a dit que j'épous'rais celle pour qui mon cœur parlait déjà!.. Oh! alors, il fallait me voir, je ne me sentais plus... je sautais... je riais... je prenais les deux mains bien vieilles et bien ridées de notre bon père, je les embrassais, et je crois que j'allais devenir fou quand il m'a fait boire une tasse de lait. (Poussant un soupir.) Ouf! et ça m'a calmé.

FLEUR-DES-CHAMPS.

Il t'a dit tout cela?.. j'irai le voir aussi, moi; car, maintenant que je le regarde, ce garçon, il n'est pas si mal que je croyais... il a une petite figure... et ce Daniel qui me parle de Reuben; qui me donne des idées sur lui... je vous demande s'il est possible d'être plus maladroit!

(Ritournelle du chœur suivant.)

REUBEN.

Ah! mon Dieu! v'là mon seigneur avec sa suite... Oh! s'il choisit celle que j'aime, c'est fini, je quitterai le pays et je m'en irai bien loin, bien loin!

FLEUR-DES-CHAMPS.

Pauvre garçon! voyons, Reuben, avant qu'ils arrivent, dis-moi ton secret.

REUBEN.

Oh! je n'oserai jamais!.. pourtant, si le seigneur la choisit et s'il faut que je parte...

AIR : Noble dame.

Avant d' commencer mon voyage,
Ici, mam'zell' vous saurez mon secret;
Oui, de parler, j'aurai le courage
Car, je l' sens là, ça m'étouff'rait!
Et puis, après, faudra vous fuir!
Hélas! pour moi, plus d'avenir!

ENSEMBLE.

FLEUR-DES-CHAMPS.
Pauvre Reuben, il veut partir,
Hélas ! que va-t-il devenir !
Adieu !

REUBEN.
Pour mon repos, je dois vous fuir.
Hélas ! pour moi, plus d'avenir !
Adieu !

(Reuben sort, Fleur-des-Champs rentre dans la maison.)

SCÈNE XII.

LE BARON, LE DOCTEUR, DANIEL, SUITE DU BARON.

(Le baron entre au milieu de son cortége ; il est appuyé sur le docteur. Daniel marche à sa droite, et l'évente avec un éventail garni de plumes.)

CHOEUR.

AIR du Cheval de Bronze.

En ces lieux, monseigneur
Vient... quel honneur !
Offrir et sa main et son cœur,
A cell' qui dans ce jour
D'un doux retour
Voudra bien payer son amour.

(Le cortége fait le tour du théâtre sur la ritournelle de l'air.)

LE BARON.

Holà! mon page! (Voyant que Daniel est près de lui.) Ah! mon drôle... je voulais voir si vous étiez là !

DANIEL.

Comment, monseigneur, je vous donne de l'air depuis une heure, et vous ne me sentez pas.

LE BARON.

Passez-moi cet éventail, jeune fou. (Il se regarde dans la petite glace qui est au centre de l'éventail.) Allons, allons, je reprends un peu... docteur, grace à vous; j'ai les yeux d'une vivacité... et pas encore une seule ride.

DANIEL, à part.

Oh ! pas une... c'est-à-dire! il a deux pattes d'oie effrayantes...

LE DOCTEUR.

Votre maladie, monseigneur, était, ce que nous appelons en latin. HYPOCONDRICOS !.. le mariage achèvera votre guérison.

LE BARON.

Vous croyez, docteur, qu'une femme guérit l'HYPOCONDRICOS ?

LE DOCTEUR.

C'est mon opinion... je suis pour les remèdes violens.

LE BARON.

Holà! mon page.

DANIEL, criant.

Présent!

LE BARON.

Reprenez cet éventail, jeune écervelé, et surtout, ne vous éloignez pas. coureur... maintenant, docteur Flasterkasten, je suis à vous...

LE DOCTEUR.

Toutes les fleurs de la vallée sont rassemblées près d'ici... elles n'attendent que vos ordres pour se présenter...

LE BARON.

Qu'elles viennent! (Le docteur fait un signe à la cantonnade.)

SCÈNE XIII.

LES MÊMES, LES JEUNES FILLES.

(Elles entrent ensemble par la gauche, et viennent se placer devant le baron, en lui faisant la révérence; elles portent chacune un chaperon de fleurs dont elles ont le nom. Les jeunes filles sont toutes sur la gauche, et les hommes sur la droite.)

LES JEUNES FILLES.

AIR : Brune et Blonde. (Mlle PUGET.)

Votre voix m'appelle,
J'accours ici...
Au devoir fidèle ;
Oui, me voici...

LE BARON, suite de l'air.

Comme à leur aspect, mon ame est émue ;
De brillantes fleurs, quel charmant bouquet.
L'une a pour plaire, sa mine ingénue ;
L'autre me séduit par son air coquet !
Ce doux regard plein d'innocence,
Est fait pour inspirer l'amour.

LE DOCTEUR.

Mais, monseigneur, l'heure s'avance,
Prononcez-vous donc sans retour.

LE BARON.

Soit ! mais je veux voir en ce jour,
Fleur-des-Champs, paraître à son tour !

SCÈNE XIV.

LES MÊMES, FLEUR-DES-CHAMPS. Elle sort de sa maison, et porte un chaperon de petites fleurs bleues.

FLEUR-DES-CHAMPS.

MÊME AIR.

Votre voix m'appelle,
J'accours ici...
A devoir fidèle ;
Oui, me voici !..

DANIEL, à part.

Oh! la maladroite! la maladroite!.. elle est jolie comme tout...

LE BARON, bas au docteur.

Docteur, elle est charmante...

DANIEL.

Hum! hum!

LE BARON, à Daniel.

Veux-tu te taire, petit drôle!

LE DOCTEUR, montrant les autres.

Regardez donc celles-ci, monseigneur...

LE BARON.

C'est vrai, c'est vrai! le choix est très embarrassant, je flotte entre la brune et la blonde, entre la blonde et la châtaigne.

DANIEL, à part.

Qu'est-ce qu'il maronne là, tout seul?

LE BARON.

Pour en finir, que chacune de ces jeunes fleurs me donne un échantillon de ses talens...

LE DOCTEUR.

C'est cela.

DANIEL.

Avec ça qu'elles en sont pétries de talens! Rose, fait la galette dans la perfection, Primevère, tricotte que c'est un charme, Iris, joue du timpanon à vous donner la chaire de poule.

LE BARON.

Et Fleur-des-Champs?..

DANIEL, à voix basse.

Elle, monseigneur, c'est la buse des buses...

LE BARON.

Ah! ah!

FLEUR-DES-CHAMPS.

Par exemple!

LE BARON, à part.

Comment est-il possible qu'avec cette petite figure éveillée... (Haut.) Dis-lui d'approcher.

DANIEL, à Fleur-des-Champs.

Approchez... (Bas.) N'y va pas...

LE BARON.

Approchez! approchez! n'ayez pas peur...

FLEUR-DES-CHAMPS, à Daniel.

Faut bien que j'obéisse.

LE BARON.

Comment, pas un pauvre petit talent de société.

DANIEL.

Ça ne sait pas même coudre un bouton.

LE BARON.

Ce n'est pas vous que j'interroge, gringalet! (A Fleur-des-Champs.) Est-ce que vous ne chantez pas un peu?..

DANIEL.

Oh! si peu! si peu...

LE BARON, le regardant sévèrement.

Daniel! (A Fleur-des-Champs.) Au moins, vous dansez?..

DANIEL, bas à Fleur-des-Champs.

Dis que tu as un œil-de-perdrix...

LE BARON.

Eh bien, répondez!

FLEUR-DES-CHAMPS, avec embarras.

Dam, monseigneur! c'est que... c'est que...

DANIEL, bas au baron.

Qu'est-ce que j'avais dit à monseigneur, c'est la plus niaise de la vallée.

FLEUR-DES-CHAMPS, à part.

C'est trop fort!

DANIEL.

Elle est idiote, voilà le mot.

FLEUR-DES-CHAMPS.

Je n'y tiens plus...

LE BARON.

Allons! il n'y faut plus songer, et quoique Fleur-des-Champs soit bien jolie, je vais me décider pour...

FLEUR-DES-CHAMPS.

Arrêtez, monseigneur.

DANIEL.

Qu'est-ce qu'elle a donc?

FLEUR-DES-CHAMPS.

Je ne veux pas tromper un aussi bon seigneur que vous... on vous a dit que j'étais une imbécile, et que je n'avais ni grace ni talent, c'est possible; mais, je veux essayer de vous prouver le contraire, M. Daniel, prenez cette mandoline, et accompagnez-moi.

DANIEL.

Je ne peux pas... j'ai des engelures...

LE BARON.

Page, obéis!

DANIEL, à part, à l'extrémité gauche.

Oh! je ronge mon frein.

FLEUR-DES-CHAMPS.

Attrape!

(Musique. — Fleur-des-Champs se place gracieusement au milieu de ses jeunes compagnes; elles figurent de jolies passes réglées par M. Girel, artiste et maître de ballet du théâtre de la Gaîté.)

LE BARON, se levant après le petit ballet.

Docteur, je suis fasciné, et mon choix est fait... vassaux et vassales ici présens, je choisis pour légitime épouse, (Musique.) l'aimable, la charmante, la ravissante Fleur-des-Champs.

DANIEL, à part.

Je suis englouti! (A Fleur-des-Champs.) Si tu dis oui, je fais un malheur!..

LE BARON, à Fleur-des-Champs.

N'est-ce pas, que tu consens!

FLEUR-DES-CHAMPS.

Dam! monseigneur, c'est ben d' l'honneur pour moi; mais, je voudrais un peu de temps pour réfléchir.

LE BARON.

Soit! dans une heure, je reviendrai savoir ta réponse; mais, jusque là, songe que je suis passionnément amoureux de toi, et que pour t'obtenir, il n'est rien que je ne fasse; je donnerais ma vie, vois-tu!

FLEUR-DES-CHAMPS.

Quoi, monseigneur?

DANIEL.

On dit toujours ça aux jeunes filles.

LE BARON.

La vie d'un baron du Saint-Empire, songes-y bien?.. Partons, messieurs... (A Fleur-des-Champs.) A tantôt! (A Daniel.) Holà! mon page!

DANIEL, criant.

Présent!..

REPRISE DU CHOEUR.

En ces lieux, monseigneur
Vient! quel honneur!
D'offrir et sa main et son cœur,
A cell' qui dans ce jour
D'un doux retour,
A voulu payer son amour.

(Le cortége se remet en marche, et défile comme il est entré; au moment de sortir avec le baron, Daniel laisse là le cortége, et revient précipitamment sur ses pas.)

SCÈNE XV.

DANIEL, FLEUR-DES-CHAMPS.

FLEUR-DES-CHAMPS, se croit seule et réfléchit.

Baronne!..

DANIEL, près d'elle.

Fi!..

FLEUR-DES-CHAMPS, surprise.

Hein! vous m'avez fait peur!

DANIEL, étouffant de dépit.

Mon déjeûner me fait horriblement mal.

FLEUR-DES-CHAMPS.

Pourquoi ça?

DANIEL.

Pourquoi ça?.. elle dit pourquoi ça?..

LE BARON, en dehors.

Holà, mon page!..

DANIEL, criant.

On y va! (A Fleur-des-Champs.) Pourquoi ça? vous le demandez? après nos conventions...

FLEUR-DES-CHAMPS.

Écoutez, M. Daniel, ne me faites pas de scène; nos conventions n'avaient pas le sens commun, me voir préférer une rivale.

LE BARON, en dehors, plus loin.

Holà, mon page!

DANIEL, criant.

On y va! (A Fleur-des-Champs.) Avec ça qu'il est ragoûtant, votre baron.

FLEUR-DES-CHAMPS.

Il n'est pas mal...

DANIEL.

Vous ne l'avez pas vu comme moi; quand il se rase le matin, c'est quelque chose d' hideux.

FLEUR-DES-CHAMPS.

Il est baron!

DANIEL.

Mais, moi! je suis dans l'adolescence, je compte à peine vingt printemps!

LE BARON, très éloigné.

Holà! mon page!

DANIEL, se retournant à la cantonnade.

Ventriloque, va! je n'ai plus qu'un mot à vous dire, si vous épousez monseigneur, je fais un coup de ma tête, parce que moi aussi, je vous aime... moi aussi... je donnerais ma vie, pour vous...

FLEUR-DES-CHAMPS.

On dit toujours ça aux jeunes filles.

DANIEL.

La vie d'un page d'un baron du Saint-Empire, songez-y bien, c'est une existence d'homme que vous allez jouer!

LE BARON, paraissant.

Holà! mon page!

DANIEL.

On y va! (Il suit le baron.)

SCÈNE XVI.

FLEUR-DES-CHAMPS, seule.

A les en croire, monseigneur et son page aimeraient mieux mourir que de me perdre, je crois même que le petit Reuben m'a dit la même chose... Oh! les hommes!.. c'est égal, ça me donne une idée à moi, c'est d'éprouver quel est celui des trois qui m'aime le mieux, ce sera gentil!.. oui, la tradition de la fille du Danube sert mon projet... en attachant mon chapeau et mon bouquet à cette croix, ils s'imagineront tous que je me suis jetée dans le fleuve, et nous verrons quel est celui qui osera m'aller chercher. Ah ça! oui, mais si ni l'un ni l'autre n'a le courage de... (Gaiment.) Eh bien! je resterai fille, après tout, je ne suis pas si pressée de me donner un maître.

AIR du Forgeron (Mlle PUGET.)

Liberté chérie,
O mes seuls amours!
Toujours, toujours,
Viens charmer mes jours.
Plaisir et folie
Doivent tour à tour
Pour mon bonheur charmer ce séjour.
La la la...

L'autr' jour Daniel qui m'agace,
Vient m' pincer, pan, pan, pan!
Il faut, dit-il, que j' t'embrasse...
Moi je l' reçois, pan, pan, pan.
Je le crois fâché, je m' rapproche,
Mais lui, sans m' faire aucun reproche,
Et sans m' montrer l' moindre courroux,
Me dit, tombant à mes genoux:
Ma fleur si chérie,
O mes seuls amours,
Bats-moi (TER) tous les jours:
Ta main si jolie
Sera toujours
Plus douce que satin et velours.

Je donnerais pour toi ma vie,
M'ont-ils dit... bon! bon! bon!
Faut-il donc que je m'y fie?
Non, messieurs, non, non, non.
Je veux, par une espièglerie,
Mettre à l'épreuve leur manie;
S'ils ont peur, comme je rirai,
Si j' les perds, j' m'en consolerai.
Liberté chérie, etc.

MARGUERITE, dans la coulisse.

Fleur-des-Champs! Fleur-des-Champs!

FLEUR-DES-CHAMPS.

On vient, sauvons-nous. (Elle va accrocher son chapeau et son bouquet à la croix, sur le rocher.) Là! et maintenant, messieurs, je vous attends.

(Elle disparait par la gauche.)

SCÈNE XVII.

LA MÈRE MARGUERITE, sortant de la chaumière et appelant.

Fleur-des-Champs!.. voyez si cette petite fille répondra... Fleur-des... (Regardant la croix.) Ah! mon Dieu! qu'est-ce que je vois là? cette couronne, ce bouquet après la croix... eh! mais je ne me trompe pas, c'est la couronne de Fleur-des-Champs; la malheureuse enfant se sera jetée dans le fleuve, elle aura voulu tenter l'épreuve du Danube. Au secours! au secours!

(Toutes les jeunes filles accourent.)

SCÈNE XVIII.

LA MÈRE MARGUERITE, LE BARON, DANIEL, LE DOCTEUR, JEUNES FILLES.

CHOEUR.

AIR de Farinelli (Final du premier acte.)

Pourquoi ces cris et ces larmes,
D'où peut venir votre émoi?
Calmez vite nos alarmes
Et dissipez notre effroi.

MARGUERITE.

Ah! mes enfans, voyez ma peine extrême!
Pour ma triste vieillesse, ah! c'est un coup affreux;
Ma Fleur-des-Champs, ma fille à l'instant même,
Dans l'onde s'est jetée, ici presque à mes yeux.

TOUTES.

Est-il possible!

LE BARON, suivi du docteur et de Daniel; il a entendu les derniers mots de Marguerite.

Hein? qu'est-ce que vous dites là, mère Marguerite?

DANIEL.

Qu'est-ce que vous dites?

MARGUERITE.

Il n'est que trop vrai, monseigneur... voyez cette couronne et ce bouquet. (Elle lui montre la croix.)

TOUS.

Grand Dieu!

DANIEL.

Catastrophe!

MARGUERITE.

Mais il nous reste pour elle une chance de salut.

LE BARON.

Parlez.

DANIEL.

Parlez.

MARGUERITE.

La tradition dit que lorsqu'une jeune fille se jette dans le Danube, on a tout un jour pour la sauver.

LE BARON.

Eh bien!

MARGUERITE.

Eh bien! monseigneur, vous qui aimez Fleur-des-Champs, obligez-moi d'aller la chercher au fond de la rivière, ça sera si tôt fait.

LE BARON.

Oui, mais dites donc, la tradition dit aussi qu'il faut que la jeune fille ait toujours été sage.

MARGUERITE.

Oh! sur ce point-là, j'en mettrais ma main au feu!

LE BARON, incertain.

Vrai!

MARGUERITE.

Oh! bien vrai!

LE BARON.

Dans ce cas, retournons au château... Suivez-moi, docteur.

(Il sort suivi du docteur; Daniel va pour le suivre, Marguerite le retient.)

SCÈNE XIX.

LA MÈRE MARGUERITE, DANIEL, JEUNES FILLES.

MARGUERITE.

Et vous, Daniel, laisserez-vous périr la pauvre Fleur-des-Champs?

DANIEL, la ramenant sur le bord du théâtre et prenant un air solennel.

Mère Marguerite, sans farce, en mettriez-vous la main au feu?

MARGUERITE.

Je vous le jure.

DANIEL.

Je n'hésite plus, dans ce cas. (Il ôte sa veste à demi, puis se ravisant, il la remet.) Je vais consulter l'ermite.

AIR du chœur précédent.

Plus de peines, plus de larmes,
Calmez ici votre effroi,
Bientôt toutes vos alarmes
Vont cesser et grace à moi.

MARGUERITE.

Quel jour de deuil et d'alarmes !
J' vois redoubler mon effroi ;
Hélas ! je sens à mes larmes
Qu'il n'est plus d'espoir pour moi.

CHOEUR.

Quel jour de deuil et de larmes !
J' sens redoubler mon effroi ;
Pour l'objet de nos alarmes,
Non, plus d'espoir, je le voi.

(Daniel sort en courant et se heurte contre Reuben, qui entre avec un petit paquet au bout d'un bâton.)

SCÈNE XX.

LA MÈRE MARGUERITE, REUBEN, FLEUR-DES-CHAMPS, JEUNES FILLES.

REUBEN, vivement.

Qu'est-ce que je viens d'apprendre, mère Marguerite, Fleur-des-Champs...

MARGUERITE.

Il n'est que trop vrai, mon garçon, elle s'est jetée dans le Danube.

REUBEN.

Mais on peut le sauver encore.

MARGUERITE.

Hélas, personne n'a voulu...

REUBEN.

Personne ! est-ce que je ne suis pas là ?

MARGUERITE.

Quoi ! tu oserais?

REUBEN.

Quand même je ne croirais pas à la tradition, pour elle, pour Fleur-des-Champs, je me jetterais dans un brasier ardent, trop heureux, si je ne la sauve pas, de mourir avec elle... Donnez-moi son bouquet.

MARGUERITE.

A la bonne heure, en voilà un qui l'aime véritablement.

REUBEN.

Air de la ballade d'Adam.

Ah ! ce précieux gage
Doublera mon courage,
Croyez-en ce présage,
Reuben la sauvera.
O fleurs de ces vallées,
En ces lieux rassemblées,
Plaintives, désolées,
Priez, Dieu m'aidera.

(Il s'élance vers le fleuve, Fleur-des-Champs paraît.)

FLEUR-DES-CHAMPS.

Reuben !

Que cette fleur s'appelle
Du refrain d' la chanson.
Moi, mon Reuben fidèle,
Je veux prendre ton nom.

REUBEN.

Oh ! c'est elle !

FLEUR-DES-CHAMPS.

Oui, c'est moi ; c'est moi qui veux vivre pour ton bonheur.

REUBEN.

Oh ! quel bien ça me fait !

DANIEL, dans la coulisse.

Me voici! me voici!

REUBEN.

C'est Daniel!

FLEUR-DES-CHAMPS.

Venez, venez tous, ne nous montrons pas encore, et voyons ce qu'il va faire. (Ils entrent dans la maison de Marguerite.)

SCÈNE XXI.

DANIEL, enveloppé dans un manteau.

Je viens de consulter l'ermite, il est fort intelligent, ce vieillard, pour son âge; il m'a fait une réponse que j'étais fort éloigné de prévoir... il m'a dit, ce vieux anachorète : « Savez-vous nager, ô mon fils? — Mais oui, ô pieux anachorète, vénérable cénobite, ai-je répondu; la coupe, la planche et le plongeon me sont également familiers. — Eh bien! ô mon fils, pourvu que vous ne soyez pas trop près de votre déjeûner, vous pouvez tenter l'aventure. » Là-dessus j'ai été me mettre en costume, j'ai pris des vessies pour des... et me voilà. (Il jette son manteau et paraît vêtu d'un simple pantalon, et nu jusqu'à la ceinture; il porte deux vessies sous ses bras; il va au fond et met son pied dans l'eau.) C'est bien froid!.. ô Fleur-des-Champs! vous serez peut-être cause que j'attraperai un affreux rhume de cerveau... brrrrr! que c'est froid!.. Enfin c'est égal, une bonne résolution! (Il monte sur le rocher.) Une, deux!.. (Il se jette à l'eau.)

FLEUR-DES-CHAMPS, à la fenêtre.

Oh! ce pauvre Daniel! heureusement qu'il a pris ses précautions et qu'il n'y a pas de danger.

LE BARON, en dehors.

Venez, venez, mes amis.

FLEUR-DES-CHAMPS, à la fenêtre.

Allons, au tour de monseigneur à présent.

SCÈNE XXII.

LE BARON, LE DOCTEUR, SUITE DU BARON, DEUX PIQUEURS portant un filet.

LE BARON.

Par ici! par ici! mes amis, hâtez-vous, jetez ce filet à cette place. (Un des piqueurs lance le filet dans le fleuve. — Musique.) Laissez aller, laissez aller... là... maintenant, tirez. (Le piqueur tire le filet.) Sentez-vous quelque chose?

LE PIQUEUR.

Oui, monseigneur.

LE BARON.

Mettez-vous-y tous, et si c'est elle, apportez-la avec les plus grandes précautions... vous, docteur, préparez vos sels, vos essences, votre pharmacie!.. Pauvre Fleur-des-Champs! quelle bonne idée j'ai eue là. (Aux Piqueurs.) Eh bien! mes amis?

LES PIQUEURS.

La voilà! la voilà, monseigneur! (Ils ont retiré le filet; Daniel est enveloppé dedans; il est couvert d'herbes, de plantes aquatiques, et il pousse des cris inarticulés. — Il roule jusqu'à l'avant-scène.)

LE BARON.

Elle est évanouie, cette chère amie! vite, docteur, des secours. (Aux Piqueurs.) Vous, manans, éloignez-vous, pour ne pas alarmer sa pudeur.

LE DOCTEUR, examinant Daniel.

Mais monseigneur, j'ai peine à reconnaître dans cette masse informe...

LE BARON.

Je crois bien, dans un pareil état... (Appelant.) Holà! mon page!

DANIEL, dans le filet.

Présent!

LE BARON, surpris.

Hein? qu'est-ce que c'est? comment, c'est toi, drôle!

DANIEL, toussant.

Hum! hum!.. ah! que c'est mauvais! que c'est mauvais!.. hum! hum!.. j'en ai absorbé plus d'une voie.

LE BARON.

Et Fleur-des-champs, Fleur-des-Champs, où est-elle?

DANIEL.

Je l'ai appelée, je l'ai cherchée par mer et par terre, impossible de mettre la main dessus.

LE BARON.

Allons, va te sécher... La malheureuse! elle est donc perdue à jamais!

SCÈNE XXIII.

LE BARON, LE DOCTEUR, DANIEL, FLEUR-DES-CHAMPS, REUBEN, MARGUERITE, JEUNES FILLES.

REUBEN.

Pas pour tout le monde, monseigneur.

LE BARON et DANIEL.

Que vois-je?

FLEUR-DES-CHAMPS.

Me voici un peu revenue des belles protestations des amoureux, qui jurent de mourir pour moi... quoique ça, je n'ai pas trop à me plaindre, sur trois il m'en reste un. (Elle tend la main à Reuben.)

DANIEL.

Quoi! le jeune pâtre!

FLEUR-DES-CHAMPS.

Je n'y pensais pas, c'est vous qui me l'avez fait remarquer.

DANIEL.

Perfide! quand je me suis jeté à l'eau...

FLEUR-DES-CHAMPS, avec malice.

Vous savez nager...

DANIEL, à part.

Quel bouillon!

LE BARON, qui est resté pensif, sortant tout-à-coup de sa rêverie.

Holà! mon page!.. décidément je reste garçon.

DANIEL.

Eh bien!.. et moi aussi. C'est dommage pourtant, avec des physiques comme les nôtres, nous aurions eu de bien jolis enfans.

CHOEUR.

AIR du Forgeron.

Leur peine est finie,
L'hymen, les amours,
Toujours, toujours,
Vont charmer leurs jours.
Plaisir et folie
Doivent tour-à-tour
Les rendre heureux dans ce doux séjour.

FLEUR-DES-CHAMPS au Public.

Messieurs, j' sens qu'en votr' présence
Mon cœur fait pan, pan, pan,
Pour me rendre l'assurance,
Frappez fort, pan, pan, pan.
A la peur je s'rai peu sensible,
Plus votr' fracas sera terrible,
Plus mon effroi se dissip'ra,
Plus ma confiance renaîtra.
Messieurs, j' vous en prie.
Faites un effort,
Frappez, frappez, oui frappez encor.
Je vous l' certifie,
Vos mains bien d'accord
N' pourront jamais frapper assez fort.

CHOEUR.

Messieurs, j' vous en prie,
Faites un effort,
Frappez, frappez, oui frappez encor.
Je vous l' certifie,
Vos mains bien d'accord
N' pourront jamais frapper assez fort.

LE CONCERT DES OISEAUX.

(Voyez page 10.)

FIN.

www.ingramcontent.com/pod-product-compliance
Lightning Source LLC
LaVergne TN
LVHW052024160826
845678LV00003B/1198

* 9 7 8 2 3 2 9 6 2 7 7 8 6 *